BEI GRIN MACHT SICH IHR WISSEN BEZAHLT

- Wir veröffentlichen Ihre Hausarbeit, Bachelor- und Masterarbeit

- Ihr eigenes eBook und Buch - weltweit in allen wichtigen Shops

- Verdienen Sie an jedem Verkauf

Jetzt bei www.GRIN.com hochladen und kostenlos publizieren

Die Fotografie und Ihre Objektivität

Zoe Halm

Bibliografische Information der Deutschen Nationalbibliothek:

Die Deutsche Nationalbibliothek verzeichnet diese Publikation in der Deutschen Nationalbibliografie; detaillierte bibliografische Daten sind im Internet über http://dnb.d-nb.de abrufbar.

ISBN: 9783389037256
Dieses Buch ist auch als E-Book erhältlich.

© GRIN Publishing GmbH
Trappentreustraße 1
80339 München

Alle Rechte vorbehalten

Druck und Bindung: Books on Demand GmbH, Norderstedt Germany
Gedruckt auf säurefreiem Papier aus verantwortungsvollen Quellen

Das vorliegende Werk wurde sorgfältig erarbeitet. Dennoch übernehmen Autoren und Verlag für die Richtigkeit von Angaben, Hinweisen, Links und Ratschlägen sowie eventuelle Druckfehler keine Haftung.

Das Buch bei GRIN: https://www.grin.com/document/1478529

Hochschule Düsseldorf
Seminar ,,Theorie der Fotografie''
Hausarbeit
SS 2018

Die Fotografie und Ihre Objektivität

Zoe Halm
4. Semester Kommunikationsdesign
Abgabe 20.07.18

1 Einleitung　　　　　　　　　　　　　　　　　　　　3

2 Die Fotografie und Ihre Objektivität　　　　　　　　　4

2.1 Kracauers Grundprinzip　　　　　　　　　　　　　4

2.2 Bazin's Ontologie des Fotografischen Bildes　　　　6

2.3 Die Humane Kamera von Heinrich Böll　　　　　　8

2.4 „Was dürfen Bilder?" - Ein Interview　　　　　　　9

2.5 Vergleich der Texte und Theorien　　　　　　　　11

3 Schlussbetrachtung　　　　　　　　　　　　　　　13

4 Literaturliste　　　　　　　　　　　　　　　　　　14

1 Einleitung

Kracauer, Bazin und Böll waren Filmtheoretiker, Soziologen und Schriftsteller während der 20er-60er Jahre. Ihre Theorien zur Objektivität gelten seit langem als Meilensteine der klassischen Film- und Fotografieforschung. Obwohl sie später relativiert worden sind, bleiben viele ihrer Thesen auch heute überzeugend und provokant. Sie schreiben in Ihren Theorien über die Wichtigkeit und die Aufgabe der Objektivität in dem Medium Fotografie.

Doch wie objektiv ist die Fotografie einzuschätzen? Ist sie überhaupt objektiv bzw. lässt sich aus den oben genannten Theorien eine Tendenz zur Objektivität oder zur Subjektivität der Fotografie herauslesen?

Im Rahmen meiner Hausarbeit „Die Fotografie und Ihre Objektivität" möchte ich untersuchen, ob die Theorien und Gedanken von Kracauer, Bazin und Böll eine Tendenz zur Objektivität oder Subjektivität der Fotografie aufzeigen.

Zu Beginn dieser Arbeit werden die Sachtexte der drei Autoren Kracauer, Bassin und Böll zusammengefasst. Zur Ergänzung der Ausarbeitung von Heinrich Böll folgt eine Vorstellung des Interviews mit dem Fotografen und Hochschulprofessor Ralf Nobel, welches sich auf die gegenwärtige Zeit und Situation des Bildjournalismus bezieht. Im weiteren Verlauf werden die Texte miteinander verglichen und Ihre Gemeinsamkeiten bzw. Unterschiede herausgearbeitet. Durch die Ergebnisse des Vergleichs sollen die zu Beginn formulierten Fragestellungen beantwortet werden. Die Hausarbeit schließt mit einer Zusammenfassung der Kernaussagen und einem Fazit ab.

2 Die Fotografie und Ihre Objektivität

2.1 Kracauers Grundprinzip

Siegfried Kracauer war ein deutscher Journalist, Soziologe, Filmtheoretiker und gilt als Mitbegründer der Filmsoziologie.[1]

In Kracauers Grundprinzip für ästhetische Fotografie von 1960 beschäftigt er sich mit den medienspezifischen Eigenschaften der Fotografie. In diesem Zusammenhang thematisiert er die realistische Tendenz, die entfremdete Wiedergabe der Fotografie sowie derer formgebenden Möglichkeiten. Also welchen Tendenzen ein Fotograf folgen muss, um ein ästhetisches Bild zu erschaffen und welche formgebenden Möglichkeiten er dabei hat. Außerdem beschreibt Kracauer wie eine unzureichende Objektivität die Wiedergabe des Wirklichen entfremdet.[2]

Zunächst geht er davon aus, dass die Eigenschaften eines Mediums nicht definiert werden können und daher nicht als Ausgangspunkt für ein ästhetisches Bild verwendet werden können.[3] Die drei Grundprinzipien für eine ästhetische Fotografie, die er in seinem Text vorstellt, sind die Einstellung des Fotografen zu seinem Medium, die Affinitäten der Fotografien und deren Wirkung.[4]

Damit ein Foto „fotografisch" gelungen ist, muss der Fotograf einer realistischen Tendenz folgen.[5] Wenn dieser gefolgt wird, kann ein unpersönliches und

---

[1] Vgl. Suhrkamp, abrufbar unter:
https://www.suhrkamp.de/autoren/siegfried_kracauer_2619.html.
[2] Vgl. Krakauer, Siegfried, Das ästhetische Grundprinzip der Fotografie, 1960, S.159
[3] Vgl. Ebd. S. 159
[4] Vgl. Ebd S. 159-165
[5] Vgl. Ebd. S. 159

kunstloses Foto ästhetisch einwandfrei sein. Der Fotograf wird als Kameraauge bezeichnet und soll im Idealfall die Natur wie ein Spiegel wiedergeben. Zum Einen ist es dem Fotografen aus technisch bedingten Gründen nicht möglich wie ein Spiegel die Natur wiederzugeben. Zum Anderen sieht der Fotograf seine Motive mit der Seele.[6] Denn seine eigenen Erfahrungen und Eindrücke bringen ihn dazu auf den Auslöser zu drücken. Allerdings darf die Formgebung die realistische Tendenz nicht behindern, damit eine Wechselwirkung aus Beidem gelingt.[7]

Weiter beinhaltet das ästhetische Prinzip auch vier Affinitäten: die Affinität zur ungestellten Realität, diejenige zur Akzentuierung des Zufälligen, die Tendenz von Fotografien einer Vorstellung von Endlosigkeit zu wecken (obwohl der Bilderrahmen eine Grenze bildet, verweist der Inhalt auf die Welt außerhalb dieser Grenze) und eine Tendenz zum Unbestimmbaren. Letztere Affinität beinhaltet, dass der Fotograf zwar Rohmaterial liefert, dieses aber nicht bestimmen kann, da Fotografien zwangsläufig unbestimmbar sind.[8]

Ein Medium mit so ausgeprägten Affinitäten wie die Fotografie, übt Wirkungen aus, welche sich von den anderen Kunstmedien unterscheiden. Fotografien wirken auf die Menschen immer echt und obwohl wir wissen, dass man Fotografien manipulieren und fälschen kann, glauben wir an ihren Wahrheitsgehalt. Außerdem übernehmen Fotografien mit unseren abnehmenden Erinnerungen eine dokumentarische Funktion. Schließlich wirkt die Fotografie auf uns wie eine Quelle der Schönheit, die unser Verlangen nach Ästhetik und Enthüllung befriedigt.[9] *„Wenn sie dabei - und darüber hinaus - in unbekannte Welträume und die Schlupfwinkel der Materie vordringen, mögen uns Einblicke in eine Formenwelt gewähren, die in sich selbst schön ist."*[10] Dies macht die Fotografie für den Menschen zu einem so faszinierenden Medium.

---

[6] Vgl.Ebd. S. 160-161
[7] Vgl. Ebd. S.161
[8] Vgl. Ebd. S.162-164
[9] Vgl. Ebd. S.164-165
[10] Ebd. S.166

2.2 Bazin's Ontologie des Fotografischen Bildes

André Bazin war ein französischer Filmkritiker und Gründer der französischen Filmzeitschrift Cahiers du Cinéma.[11] In seinem Text „Ontologie des Fotografischen Bildes" von 1945, formuliert er eine Reihe von Thesen über Malerei, Fotografie und Film und schließt seinen Text mit der Darstellung der Hauptaufgaben von Fotografie und Film ab.[12]

In seiner ersten These ergründet er den Ursprung der Fotografie. Bazin greift auf die alten Ägypter zurück, die Ihre Toten mumifizierten um sie unvergänglich zu machen. Denn der Tod ist der Sieg gegen die Zeit. Die Menschheit möchte schon immer über den Tod erhaben sein und *„den Menschen durch sein Abbild zu retten"*[13]. Somit ist die Aufgabe der Kunst laut Bazin zum einen die Objekte vor ihrem körperlichen und geistigem Tod zu schützen.[14]

Die zweite These behandelt die Tatsache, dass die Fotografie im Vergleich zur Malerei bei dem Betrachter eine höhere Glaubwürdigkeit erzeugt: Mit der Erfindung der Perspektive durch die „Camera obscura" von da Vinci[15] wurde die Grundlage für die Fotografie gelegt. Mit ihr war es den Menschen plötzlich möglich die Illusion eines dreidimensionalen Raumes zu schaffen. Somit ist die Erfindung der Fotografie laut Bazin das wichtigste Ereignis in der Geschichte der Kunst.[16] Die der Malerei überlegene Fotografie bildet reale Gegenstände ab bzw. reflektiert die Wirklichkeit und stillt das Verlangen nach Realismus und Objektivität. Die Fotografie erzeugt somit beim Betrachter eine höhere Glaubwürdigkeit als die Malerei, denn die Malerei ist in ihren Darstellungen unvollkommen. Gleichgültig wie talentiert der Maler auch ist, sein Werk wird immer

---

[11] Vgl. Der Tagesspiegel: Vom wahren Schock der Kunst, abrufbar unter: https://www.tagesspiegel.de/kultur/essays-des-filmkritikers-andre-bazin-vom-wahren-schock-der-kunst/21577022.html
[12] Vgl. Bazin, André, Ontologie des Fotografischen Bildes, 1945, S.59-64
[13] Ebd. S.59
[14] Vgl. S.59-61
[15] Vgl. S.60
[16] Vgl. S.64

von Subjektivität geprägt sein. Daraus resultierend wurde die Malerei vom Realismus befreit und kann wieder die geistige Wirklichkeit abbilden.[17]

Die Illusion, dass Fotografien eine höhere Glaubwürdigkeit haben kommt von der Tatsache, dass sich zwischen dem Künstler und dem Objekt, zum ersten Mal nur eine Linse, das Objektiv, befindet.[18] Wir sind gezwungen an die Existenz des Objektes bzw. an das repräsentative Objekt zu glauben. Der Mensch spielt bei diesem mechanischen Reproduktionsprozesses keine Rolle.[19] Nur bei dem Auswählen des Motives und dessen Anordnung kommt die Persönlichkeit des Fotografen ins Spiel.

Durch diese Objektivität und Stärke geht eine Wirkung hervor, die bislang in der Geschichte der Kunst unbekannt war und gefehlt hat. Bazin stellt somit eine weitere Aufgabe der Fotografie vor – eine realistische Darstellung des Wirklichen. Die Enthüllung des Wirklichen resultiert auf dem ästhetischen Wirklichkeitsvermögen der Fotografie. Die Natur wird nicht als Imitation der Kunst angesehen, sondern als Imitation des Künstlers. So wird ihr sogar etwas hinzugefügt anstatt etwas von der natürlichen Schöpfung zu ersetzen. Folglich verschwimmt der Unterschied zwischen Imaginären und der Realität immer mehr.[20]

Im weiteren Verlauf des Textes teilt Bazin die Dimension der Zeit in zwei Komponenten auf: Die erste Komponente ist der Augenblick, welcher mithilfe einer Fotografie festgehalten werden kann. Es ist nun möglich den Augenblick einzubalsamieren. Doch für die zweite Komponente, die ununterbrochene Reihenfolge von Augenblicken bzw. den tatsächlichen Zeitfluss braucht man den Film. Die Objektivität ist die beste Weise einen Augenblick zu bewahren, denn *„zum Ersten Mal ist das Bild der Dinge auch das Ihrer Dauer, es ist gle-*

---

[17] Vgl. S.62
[18] Ebd. S.62
[19] Vgl. S.62
[20] Vgl. S.63

ichsam die Mumie der Veränderung" [21] Mit diesem Satz wird Bazins Verständnis von der Rolle des Films in der bildenden Kunst deutlich: Er sieht den Film als Erweiterung der Fotografie an.[22]

2.3 Die Humane Kamera von Heinrich Böll

Heinrich Böll war einer der bedeutendsten deutschen Schriftstellern der Nachkriegszeit.[23] In seinem Text „Die Humane Kamera" von 1964 schreibt Böll über die Moral der Fotografie. Große Momente in der Fotografie sind die Augenblicke, in denen die geschichtlichen Momente so wie sie sind eingefangen werden. Er schrieb den Text zum Anlass der Weltausstellung der Fotografie und wollte zu mehr Achtsamkeit aufmerksam machen.[24]

Das Schicksal darf im Vorgang des Fotografierens nicht verändert werden. Denn wenn dies geschieht wird die Grenze zwischen Ästhetik und Moral überschritten. Der Fotograf wird zu aufdringlich und will ertappen oder entlarven.[25]

Aber wie kann man die begehrten Geheimnisse der Menschheit aufdecken? Laut Böll kann man sich den Geheimnissen nähern, indem man das Schicksal nicht beeinflusst und das Allgemeine im Einzelnen sichtbar macht. Genau darin liegt die Schwierigkeit, denn in der Natur der Fotografie liegt seine *„verräterische"* Eigenschaft. Es geht nicht mehr darum die Wahrheit zu zeigen und dabei objektiv zu sein, sondern darum die Schwäche der Menschen zu zeigen.[26]

---

[21] Ebd. S.63
[22] Ebd. S.64
[23] Vgl. Heinrich Böll Stiftung: Leben und Werk von Heinrich Böll- eine Chronik, abrufbar unter:https://www.boell.de/de/content/heinrich-boell-leben-und-werk
[24] Vgl. Museum Ludwig, aufrufbar unter: https://www.museum-ludwig.de/de/ausstellungen/rueckblick/2018/die-humane-kamera-heinrich-boell-und-die-fotografie.html
[25] Vgl. Böll, Heinrich: Die humane Kamera, 1964, S.2, abrufbar unter: https://www.r-mediabase.eu/images/tondokumente/Heinrich_Boell_Die_humane_Kamera_Museum_Ludwig.pdf
[26] Vgl. S.2

Nur das Objektiv kann objektiv sein, aber das Objektiv drückt nicht auf den Auslöser. Der Fotograf trifft die Entscheidungen welche Auswahl, Formate oder Papiersorten er verwendet, um die gewünschte Wirkung der Fotografie zu erzielen. Die Wirklichkeit hat eine starke Veränderung hinter sich und Böll fragt sich, ob die inszenierte und gestellte Fotografie damals ehrlicher war als die heutigen Schnappschüsse. Einen Schnappschuss kann heute jeder machen, ob professioneller Fotograf oder ein Leihe. Diese daraus resultierende Masse an Fotos führt auf Kosten der Menschen zu einer Art Reizüberflutung und es wird immer seltener der Sinn der Fotografie erkannt. [27]

2.4 „Was dürfen Bilder?" - Ein Interview

Rolf Nobel ist ein deutscher Fotograf, Fotojournalist, Kommunikationsdesigner, Hochschullehrer, Lithograph und Gründer des Lumix Festival für jungen Fotojournalismus.[28]

Anlässlich des 100. Geburtstag von Heinrich Böll wurde Rolf Nobel von Dieter Kassel interviewt und bezieht Stellung auf Bölls Warnung die moralischen Grenzen der Fotografie zu überschreiten im Hinblick auf die heutige Zeit.

Aus aktuellen Anlass nennt Kassel ein sehr bekanntes Bild, das stellvertretend für die Flüchtlingskrise im Jahre 2015 steht: Das Bild eines kleinen Jungen, der tot am Strand liegt.[29] Für Nobel ist dieses Foto ein gutes Beispiel für ein gelungenes Foto. Das Bild zeigt die Grausamkeit des Momentes, ohne grausam auszusehen. Das Kind wird nicht entstellt und erzeugt durch Empathie Aufmerksamkeit und das Verlangen etwas an der gesamten Flüchtlingskrise zu ändern.

Kassel wendet ein, das die Aufgabe von Fotojournalisten die Abbildung der Realität ist, auch wenn sie grausam sei. Für Nobel hingegen sind Aufnahmen von

---

[27] Vgl. S.3
[28] Vgl. Fotostudenten der Hochschule Hannover, abrufbar unter: http://www.fotostudenten.de/professor-rolf-nobel-im-ruhestand/
[29] Vgl. Tagesspiegel, abrufbar unter: https://www.tagesspiegel.de/themen/reportage/die-not-der-fluechtlinge-warum-uns-dieses-bild-nicht-loslaesst/12275866.html

viel Leid und Brutalität entwürdigend für die Opfer. Er teilt die Meinung mit Susan Sontag, dass zu viel Brutalität kontraproduktiv ist, da Brutalität nicht immer auch gleich das Mitgefühl der Menschen weckt.[30] ,,*Es proviziert zum weggucken*"[31].

Um die Grenzen von Ästhetik und Moral einhalten zu können gibt es einen Leitsatz ähnlich wie ,,Form Follows Funktion" für die Designer, ,,Form Follows Content" für die Fotografen.[32] Nobel berichtet von vielen Verletzungen der ethischen Grundsätze. Einige seiner Kollegen greifen in das geschehen ein, um das Geschehen größer und wichtiger erscheinen zu lassen, stilisieren es bewusst hoch und erzeugen folglich falsche Inhalte. Damit beschreibt er eine Art Manipulation der Fotos, die nichts mit Photoshop oder Ähnlichem zu tun hat, sich aber auf die starke Konkurrenz zwischen den Bildjournalisten zurückzuführen lässt. Um bessere Bilder machen zu können und sich so aus der Masse hervorzustechen, versuchen Einige ihre Bilder durch Manipulation aufzupushen. Um dem entgegenzuwirken, muss man die jungen Fotografen zu einem Streben nach der Wirklichkeit ausbilden.[33]

im Hinblick auf Amateurfotografen und Handybilder spricht Kassel die Problematik der Wahrhaftigkeit an, worauf ihm Nobel stark zustimmt. Ohne darüber nachzudenken, fotografieren die Menschen und teilen diese in Social Media Kanälen. Dadurch verlieren wir die Kontrolle über den Nutzen und Umgang dieser Fotos, was dadurch führt, dass sie zu Propagandazwecken entfremdet werden können. Umso wichtiger ist es die kontrollierbaren Fotografien, professioneller Fotografen, zum Nachdenken anzuregen welche Bilder sie teilen und später publizieren möchten.

---

[30] Vgl. Interview, Nobel, Robert, abrufbar unter: http://www.deutschlandfunkkultur.de/fotograf-rolf-nobel-was-duerfen-bilder.1008.de.html?dram:article_id=394736, 2018
[31] Vgl. eben genanntes Interview
[32] Vgl. Interview
[33] Vgl. Interview

2.5 Vergleich der Texte und Theorien

Um die drei Theorien am Besten vergleichen zu können, sehe ich das Interview von Ralf Nobel als Ergänzung und Zusatz zu Heinrich Bölls Text an und werde auf dieses nur in einzelnen Aspekten eingehen.

Sowohl Siegfried Kracauer als auch André Bazin sind sich einig, dass der Realismus in der Fotografie eine große Rolle spielt. Sie vergleichen Beide die Malerei mit der Fotografie und sind der Meinung, dass die ungenaue und unabhängige Malerei im Vergleich zur realitätsnahen Fotografie unglaubwürdig ist. In beiden Texten geht auch die dokumentarische Funktion der Fotografie hervor. Sei es, um unsere Erinnerungen zu ersetzen oder die Menschheit vor dem Tot zu bewahren. Böll hingegen sieht die dokumentarische Funktion der Fotografie eher als nebensächlich an.[34]

In Hinblick auf den Einfluss der Fotografie auf die Natur gehen die Meinungen der Autoren auseinander: André Bazin ist der Meinung, dass durch die Fotografie der Natur etwas hinzugefügt wird [35], Kracauer und Böll hingegen sind der Meinung, dass die Natur durch die Fotografie verändert wird. Kracauer deutet dabei auf die technisch bedingten Veränderungen an und Böll spielt auf die Veränderungen der Natur an, welche durch die Menschen erfolgen, um bessere Fotografien machen zu können. Bölls Theorie wird von Ralf Nobel im gegenwärtigen Bezug weitergeführt. Er stimmt Bölls Befürchtungen zu, dass die Fotografie Gefahr läuft, die moralischen Aspekte unter die Ästhetischen zu stellen. Diese sind in der heutigen Zeit eingetreten.[36]

Ein weiterer Unterschied sind die Stimmungen und Themen der Texte. Kracauer beschreibt eine Art Anleitung und Grundlagen der Fotografie und geht viel mehr auf die Wirkung und Schönheit der Fotografie ein. Bazin hingegen erweitert

---

[34]Vgl. https://www.r-mediabase.eu/images/tondokumente/Heinrich_Boell_Die_humane_Kamera_Museum_Ludwig.pdf S.3
[35] Vgl. André Bazin, Ontologie des Fotografischen Bildes, S. 63
[36]Vgl. http://www.deutschlandfunkkultur.de/fotograf-rolf-nobel-was-duerfen-bilder.1008.de.html?dram:article_id=394736

seine Theorien auf das Medium Film und beschreibt die Fotografie etwas nüchterner. In Bölls Text ist schon fast ein wertender oder warnender Ton zu spüren. Er beschreibt die Auswirkungen der Fotografie und zweifelt deren Wahrheit an, wobei er nicht mehr an die Objektivität der Fotografien glaubt und sie verräterisch nennt.[37]

Alle drei Autoren sind sich jedoch einig darüber, dass die Fotografie etwas Großes für die Menschheit ist. Sei es Bazin, der die Fotografie als *„das wichtigste Ereignis in der Geschichte."* [38] bezeichnet oder Böll, der von großen Augenblicken in der Fotografie spricht.[39]

Auch die Meinung, die Natur objektiv abzubilden bzw. nicht in das Schicksal des Motivs einzugreifen, teilen alle drei. Kracauer und Bazin sehen den Fotografen etwas distanzierter als Böll. Zwar wenden sie Beide ein, dass die subjektiven Gefühle und Erfahrungen den Fotografen dazu bringen den Auslöser zu drücken und folglich die Objektivität der Fotografie beeinflusst. Allerdings wirkt bei Beiden der Fotograf eher als Mittel zum Zweck für die Fotografie und das Endprodukt objektiv bzw. objektiver als die verfälschte und subjektive Malerei.

Deutlicher wird Böll mit seiner Aussage, dass nur das Objektiv objektiv sein kann und die Wirklichkeit durch die Entscheidungen des Fotografen stark verändert wird. Nobel verdeutlicht diese Gedanken, indem er die Aussage trifft, dass die Fotografie ein subjektives Medium ist und es dort keine Objektivität gibt.

Da sich aus allen Theorien die einheitliche Meinung ergibt, dass die Fotografie nach Objektivität streben soll, lässt sich meine Fragestellung mit Ja beant-

---

[37]Vgl. https://www.r-mediabase.eu/images/tondokumente/Heinrich_Boell_Die_humane_Kamera_Museum_Ludwig.pdf S.3
[38] Vgl. André Bazin, Ontologie des Fotografischen Bildes S.64
[39]Vgl. https://www.r-mediabase.eu/images/tondokumente/Heinrich_Boell_Die_humane_Kamera_Museum_Ludwig.pdf S. 2

worten. Die Fotografie ist ein Medium mit der Tendenz zur Objektivität. Die Subjektivität ist zum größten Teil unerwünscht bzw. wird nur in Maßen geduldet. Zumindest in der Theorie lässt sich dies eindeutig sagen. Heinrich Böll stimmt dieser Theorie ebenfalls zu, aber entgegnet, dass diese Theorie und der Wunsch nach Objektivität in der Praxis anders aussieht.

3 Schlussbetrachtung

Aus den gelernten Erkenntnissen der vorherigen Kapitel folgt nun meine Schlussbetrachtung, welche sich auf die Texte und Theorien von Siegfried Kracauer, André Bazin und Heinrich Böll bezieht.

Um meine Hausarbeit abzuschließen, möchte ich gerne in meinen eigenen Worten meine Gedanken zu meiner These festhalten: Alle drei Autoren sind großartige Theoretiker, ihre Aussagen und Theorien sind keineswegs veraltet und bieten auch heute immer noch Anhaltspunkte, die zum Nachdenken und Diskutieren anregen.

Vor allem Heinrich Bölls Text und das anknüpfende Interview mit Rolf Nobel spiegeln die heutige Zeit und die Fotografie, als Massenmedium sehr gut wieder. Die Menschheit muss vorsichtig mit dem sein, was sie teilt und welche Botschaften sie mit ihren leichtfertig geteilten Fotografien auslösen können. Wir sollten mehr Anregungen aus den Texten aufnehmen und wieder versuchen mehr Objektivität in die Fotografie zu bringen. Insbesondere wenn es darum geht, kritische Themen darzustellen und zu dokumentieren. Denn ohne die Objektivität geht die Wahrheitsgetreue der Fotografien verloren.

Ich gebe Kracauer und Bazin in dem Punkt recht, dass Objektivität sehr ästhetisch sein kann und dass die Subjektivität des Fotografen nicht vermeidbar, sogar wichtig ist. Ohne die Seele der Fotografen würden sich alle Fotografien gleichen und es gäbe keine aufregende und provokative Fotografie.

Ich finde das Interview von Nobel anschaulich, da man die Verbindung von Bölls Befürchtungen und der aktuellen Situation mancher Fotojournalisten sehr gut nachvollziehen konnte.

Die umfangreichen Texte haben mich zum Nachdenken angeregt. Der Text von Heinrich Böll war im Hinblick auf das vergangene Seminar sehr interessant und hat sich gut in das Thema eingefügt.

Abschließend kann ich sagen, dass die Fotografie ein sehr undefinierbares Medium ist. Es ist schwer zu sagen, wann reine Objektivität und wann Subjektivität erwünscht ist und ich finde nicht, dass man eine Regel aufstellen kann, an der sich alle Fotografen halten können. Jedes Motiv und jeder Augenblick erfordert eine individuelle Einschätzung, welche Rolle die Objektivität spielt. Dabei ist natürlich auch die Persönlichkeit des Fotografen ausschlaggebend. Um dieser gerecht zu werden müsste für jeden Fotografen ein persönliches Grundprinzip der Objektivität geschaffen werden.

Trotz allen Regeln und Vorsätzen kann man sich als Betrachter nie sicher sein mit welcher Objektivität der Fotograf gehandelt hat. Der Betrachter sieht nur die Fotografie als Endprodukt. Er ist vom Entstehungsprozess ausgeschlossen und kann diesen nicht beeinflussen. Wie er das Bild sieht und ob er an die Objektivität in dem Bild glaubt, liegt nur an ihm. Das Handeln des Fotografen und die Veränderungen, die er an dem Bild vornehmen kann bevor er es veröffentlicht wird, bleibt der Öffentlichkeit verborgen und ist schwer zu kontrollieren.

4 Literaturliste

Kracauer, Siegfried: Das ästhetische Grundprinzip der Fotografie, 1960

Bazin, André: Ontologie des Fotografischen Bildes, 1945

Böll, Heinrich: Die Humane Kamera, 1964, abrufbar unter: https://www.r-mediabase.eu/images/tondokumente/Heinrich_Boell_Die_humane_Kamera_Museum_Ludwig.pdf

Kassel, Dieter: Interview Rolf Nobel, 2018, abrufbar unter: http://www.deutschlandfunkkultur.de/fotograf-rolf-nobel-was-duerfen-bilder.1008.de.html?dram:article_id=394736

Museum Ludwig: Die humane Kamera

Heinrich Böll und die Fotografie, abrufbar unter: https://www.museum-ludwig.de/de/ausstellungen/rueckblick/2018/die-humane-kamera-heinrich-boell-und-die-fotografie.html

Suhrkamp: Siegfried Kracauer, abrufbar unter: https://www.suhrkamp.de/autoren/siegfried_kracauer_2619.html

Der Tagesspiegel: Vom wahren Schock der Kunst, abrufbar unter: https://www.tagesspiegel.de/kultur/essays-des-filmkritikers-andre-bazin-vom-wahren-schock-der-kunst/21577022.html

Heinrich Böll Stiftung: Leben und Werk von Heinrich Böll- eine Chronik, abrufbar unter: https://www.boell.de/de/content/heinrich-boell-leben-und-werk

Fotostudenten der Hochschule Hannover: Professor Rolf Nobel Im Ruhestand, abrufbar unter: http://www.fotostudenten.de/professor-rolf-nobel-im-ruhestand/

BEI GRIN MACHT SICH IHR WISSEN BEZAHLT

- Wir veröffentlichen Ihre Hausarbeit, Bachelor- und Masterarbeit

- Ihr eigenes eBook und Buch - weltweit in allen wichtigen Shops

- Verdienen Sie an jedem Verkauf

Jetzt bei www.GRIN.com hochladen und kostenlos publizieren